ອິ້ງຈອນຊີວິດຂອງແມງກະເບື້ອ

ໂດຍ ທິບພະກອນ ໄຊຍະສານ
ຮູບໂດຍ ໂຮມູໂລ ຮີສ໌ III

Library For All Ltd.

ອົງການ Library For All ແມ່ນອົງການທີ່ບໍ່ຫວັງຜົນກຳໄລ ທີ່ມີພັນທະກິດທີ່ຈະເຮັດໃຫ້ທຸກຄົນ
ສາມາດເຂົ້າເຖິງແຫຼ່ງຄວາມຮູ້ ຜ່ານບະອັດຕະກຳຫ້ອງສະໝຸດດິຈິຕອນ.
ເຂົ້າເບິ່ງລາຍລະອຽດເພີ່ມເຕີມທີ່: libraryforall.org

ອົງຈອນຊິວິດຂອງແມງກະເບື້ອ

ພິມຄັ້ງທຳອິດ 2022

ຈັດພິມໂດຍ: ອົງການ Library For All
ອີເມວ: info@libraryforall.org
URL: libraryforall.org

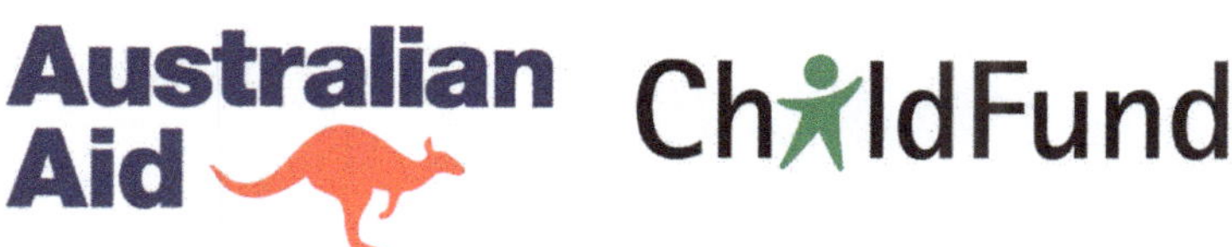

ຮູບແຕ້ມຕົ້ນສະບັບໂດຍ ໂຣມູໂລ ຮີສ III

ອົງຈອນຊິວິດຂອງແມງກະເບື້ອ
ທິບພະກອນ ໄຂຍະສານ
ISBN: 978-9932-00-436-2
SKU02468

ວົງຈອນຊີວິດຂອງແມງກະເບື້ອ

ແມງກະເບຶ້ອອາງໄຂ່ນ້ອຍໆ.

ໂຕບິ້ງ ອອກມາຈາກໄຂ່.

ໂຕບັ້ງໆ ກິນໃບໄມ້.

ໂຕບີ້ງ ໃຫຍ່ອອກ ໃຫຍ່ອອກ.

ໂຕບີ້ໆ ປ່ຽນເປັນດັກແດ້.

ດັ່ງແດ່ ບອນທຼາຍອັນ.

ມີບາງຢ່າງກໍາລັງເກີດຂຶ້ນ.

ແມງກະເບື້ອ ມາແລ້ອ.

ວົງຈອນຊີວິດຂອງແມງກະເບື້ອ
ມີ 4 ໄລຍະ.

ແມງກະເບື້ອ ມິທ຺ຼາຍກ່ອຯ
18.000 ສຼາຍພັນ.

ຂໍ້ມູນທາງບັນນາບຸລິມຂອງຫໍສະໝຸດແຫ່ງຊາດ

ທິບພະກອນ ໄຊຍະສານ
    ວິງຈອນຊິວິດຂອງແມງກະເບື້ອ / ໂດຍ ທິບພະກອນ ໄຊຍະສານ.
    -- ວຽງຈັນ, 2022
    21 ໜ້າ : ພາບປະກອບສີ ; 21 ຊມ
    1. ແມງກະເບື້ອ
    I. ຊື່ເລື້ອງ
595.78 -- dc21
    ເລກທະບຽນພິມຈຳໜ່າຍ: 073 / ອພຈ19042022
    ISBN 978-9932-00-436-2

ເຈົ້າສາມາດໃຊ້ຄຳຖາມດັ່ງລຸ່ມນີ້ເພື່ອ ສິບທະບາກ່ຽວກັບເລື່ອງທີ່ອ່ານກັບ ຄອບຄົວ, ໝູ່ ແລະ ຄູອາຈານ.

ເຈົ້າໄດ້ຮຽນຮູ້ຫຍັງຈາກເລື່ອງນີ້?

ຈົ່ງອະທິບາຍເລື່ອງນີ້ ໂດຍໃຊ້ຄຳບັບຍາຍ 1ຄຳ. ຕະຫຼົກ? ຢ້ານ? ມິສິສັບ? ໜ້າສົນໃຈ?

ເມື່ອອ່ານຈົບແລ້ວ, ເລື່ອງນີ້ໃຫ້ຄວາມຮູ້ສຶກຫຍັງແດ່?

ໃນເລື່ອງນີ້, ເຈົ້າມັກສິ່ງໃດຫຼາຍທີ່ສຸດ?

ດາວໂລກແອ່ບ
getlibraryforall.org

ກ່ຽວກັບຜູ້ປະກອບສ່ວນ

ທິບພະກອນ ໄຊຍະສານ ຈົບປະລິນຍາຕິບໍລິຫານທຸລະກິດ ສາຍວິຊາ
ການເງິນການທະນາຄານ, ຢູ່ຄະນະເສດຖະສາດ ແລະ ບໍລິຫານທຸລະກິດ,
ມະຫາວິທະຍາໄລແຫ່ງຊາດ, ປະເທດລາວ. ເຖິງວ່າ ທິບພະກອນ
ຈະບໍ່ໄດ້ຈົບສາຂາທີ່ກ່ຽວພັບພັບ ການຂຽນ
ແຕ່ມັກທີ່ຈະສະແດງຄວາມຄິດຄວາມເຫັນຜ່ານການຂຽນ. ນັກຂຽນໜຸ່ມນີ້
ມັກຂຽນເລື່ອງທາງດ້ານວິທະຍາສາດ, ວັດທະນາທໍາ ຜ່ານສື່ສິ່ງພິມ ແລະ
ສື່ອອນໄລ ເພື່ອຊ່ວຍໃຫ້ຊາວໜຸ່ມ, ເດັກນ້ອຍ ແລະ ຜູ້ທີ່ມີຄວາມສົນໃຈ
ມີຄວາມເຂົ້າໃຈເລິກເຊິ່ງຂຶ້ນຕື່ມໃນທິວຂໍ້ເໝົ່ານັ້ນ. ນອກຈາກນີ້,
ທິບພະກອນ ຍັງມີຄວາມສົນໃຈທາງດ້ານການອະນຸລັກ,
ການສົ່ງເສີມທາງດ້ານສຸຂະພາບ ແລະ ບັນຫາສັງຄົມຕ່າງໆ ອີກດ້ວຍ.

ປຶ້ມທືວນີ້ນ່ອນບໍ?

ພວກເຮົາມີປຶ້ມຫຼາຍຮ້ອຍຫົວໃຫ້ເລືອກອ່ານ.

ພວກເຮົາຮ່ວມມືກັບນັກຂຽນ, ຜູ້ຊ່ຽວຊານດ້ານການສຶກສາ, ຫໍປຶກສາທາງດ້ານວັດທະນະທຳ, ລັດຖະບານ ແລະ ອົງກອນທີ່ບໍ່ຂຶ້ນກັບລັດຖະບານ ເພື່ອນຳຄວາມເພີດເພີນ ໃນການ ອ່ານໃຫ້ກັບເດັກນ້ອຍທົ່ວທຸກແຫ່ງ.

ຮູ້ບໍ?

ພວກເຮົາສ້າງການປ່ຽນແປງທີ່ດີໃນຂົງເຂດນີ້ ໂດຍປະຕິບັດ ເປົ້າໝາຍ ການພັດທະນາແບບຍືນຍົງຂອງສະຫະປະຊາຊາດ.

libraryforall.org